DERNIER ÉTAT SOCIAL.

Tout exemplaire de cet ouvrage qui ne porterait pas la signature de l'auteur sera réputé contrefait.

L'Homme social, l'ouvrier pensant, et les satires, compléteront cet ouvrage duquel dépendront peut-être le bonheur et la liberté du monde.

Ayant été privé d'instruction et souvent du nécessaire, il en résulte que l'on ne doit point faire attention au style de cet ouvrage; que l'on ne doit s'attacher qu'aux idées, qu'au fond de la pensée.

Si personne n'a encore pu expliquer les moyens d'éteindre la mendicité et d'organiser le travail, nous les expliquerons, nous, car nous les connaissons; nous en donnerons des preuves évidentes dans l'*Homme social.*

Imp Pilloy frères, Montmartre.

DERNIER ÉTAT SOCIAL

OU

PLAN D'UN GOUVERNEMENT PARFAIT ET INVARIABLE,

PAR BONHOURE.

> Dieu n'a pas créé les hommes malheureux, inégaux et esclaves ; ils sont devenus tels d'eux-mêmes. Mais d'eux-mêmes aussi ils peuvent redevenir heureux, égaux et libres. Et c'est ce qu'ils doivent faire.

PREMIÈRE PARTIE.

DÉPÔT CENTRAL :

Chez Garnier frères, libraires, Palais-National.

1850.

PRÉFACE.

Tout a été fait avec intention, avec intelligence, avec ordre, avec principe, avec mesure, avec un but marqué. Rien n'a été créé sans connaissance, sans discernement, sans prévoyance.

Rien, en un mot, n'a été produit par l'effet du hasard, du temps. Rien n'est sorti du cahos, des ténèbres, de la nuit. Car tout est sorti, au contraire, du grand jour, de la clarté incréée, de la lumière invisible et infinie.

Quand on dit, à cet égard, que le monde est mal constitué, mal organisé, plein de défauts, malheureux. On dit une absurdité, on déraisonne, on divague. Parce que rien n'est plus beau que lui, parce que rien n'est mieux, plus admirable.

Dans son ensemble, tout est fini, tout est à sa place. Tous les êtres animés sont heureux, parfaits dans leur espèce, contents dans leur existence. Tous, enfin, sont ce qu'ils doivent être, tous hors l'homme.

Oui, parmi tous les êtres de ce monde, l'homme est le seul qui n'est pas tout-à-fait ce qu'il doit être, ou celui auquel il manque encore quelque chose. Et ce quelque chose qui lui manque, il le sent, il le comprend. Il comprend que c'est une bonne organisation sociale, une bonne forme de gouvernement.

Mais tout en le sentant, tout en le comprenant, il ne sait pas agir, il ne sait pas du tout se procurer ce qui lui manque pour constituer une bonne société, pour la rendre libre, sage, juste et heureuse.

Dans cette vue, il tourne toujours autour du cercle, il en cherche toujours le point central, le point miliéu, et ne le trouve jamais.

Quoi! un être comme lui! un être qui comme lui, est si savant, si intelligent, si pénétrant, ne peut parvenir à créer un bon gouvernement? A atteindre le dernier état social qu'il pressent? qu'il désire? et pour lequel il a été fait?

Mais pour parvenir à ce but, il faudrait qu'il fût ce qu'il n'est pas, il faudrait qu'il fût pensant et intelligent, il faudrait qu'il connût les causes de ses maux et les remèdes propres à les guérir. Or, il est prouvé, à cet égard, qu'il ne les connaît pas, qu'il n'en a aucune idée. Car s'il les connaissait, s'il en avait quelque idée, il ne resterait pas ce qu'il est, il serait déjà ce qu'il doit être, ce qu'il est destiné à être un jour.

Il y a, au fond des gouvernements comme au fond des arts et des sciences, un principe vrai, clair, simple, naturel et géométrique. Ou un principe par lequel on peut conduire toute chose à son dernier but, à sa dernière perfection. Et ce principe qui n'est pas encore connu, mais que nous connaissons, nous; est celui que nous avons employé pour ouvrir les yeux aux peuples, pour leur faire voir la source du bien et du mal social, pour leur montrer, par eux-mêmes, ce qu'ils sont maintenant et ce qu'ils doivent être à l'avenir.

Jusqu'à ce jour, on ne s'est servi, pour gouverner les nations, pour les maintenir; que de forces matérielles, barbares, féroces : que du sabre et du canon.

Ces deux forces, nous en convenons, sont commodes et puissantes. Mais non autant que celles que nous proposons, que nous avons expliquées. Et qui, lorsqu'elles seront connues de tous, lorsqu'elles seront comprises de tous, vont sans doute surprendre et agiter tous les esprits. Et de cette surprise et de cette agitation alors, un cri de joie et de tumulte va se faire entendre sur toute la terre.

Et du milieu de ce cri va sortir le dernier état social de l'homme; on va le voir se poser majestueusement sur ses bases solides et infinies, sur ses bases populaires et éternelles.

Ainsi que nous le disons au commencement de cet ouvrage: beaucoup de penseurs ont aussi essayé, comme nous, à sortir le monde de la misère et de l'esclavage où il est plongé, où il gémit. Mais aucun d'eux n'y a point encore réussi.

Et cela, parce qu'ils ne lui ont pas donné un bon plan d'état social; parce qu'ils ne lui ont pas dit, dans ce plan, ce qu'il fût, ce qu'il est maintenant, et ce qu'il est destiné à être un jour.

Si tous ces penseurs n'ont pas agi ainsi, nous en connaissons les causes. Nous savons que c'est parce qu'ils n'ont pas vécu parmi le peuple ouvrier, malheureux. Parce qu'ils n'ont pu, pour cette raison, le comprendre et se faire comprendre de lui.

Quiconque n'a pas été ouvrier et malheureux, quiconque n'a pas éprouvé soi même les humiliations et les misères du peuple travailleur, ne peut pas écrire pour le bonheur et la liberté de ce peuple.

Et, s'il ne le peut pas, c'est parce qu'il ne connaît pas ses besoins, ainsi que sa manière de penser et d'agir.

Quoique savants, quoique habiles dans l'art de penser et de juger, les grands écrivains n'ont pas compris une chose très-importante; ils n'ont pas encore paru voir que si les peuples sont esclaves et malheureux, c'est parce qu'ils ont tous des gouvernements variables ou imparfaits; c'est parce que tant qu'ils les conserveront ils resteront toujours ce qu'ils sont.

Pour qu'ils cessent d'être ainsi, il faut absolument qu'ils renversent tous ces gouvernements infâmes et iniques; il faut absolument qu'ils les remplacent par des gouvernements parfaits ou invariables.

Et ceux-ci ne sont pas les gouvernements d'un seul ou de quelques uns. Mais bien plutôt ceux de tous, par tous et pour tous; ou les gouvernements populaires, républicains. Mais les gouvernements populaires ou républicains dans toute leur étendue, dans toute leur force.

Et ce sont ceux-là alors, que nous proposons dans cet ouvrage; ceux par lesquels les peuples peuvent être libres et heureux, et sans lesquels ils ne le seront jamais.

Si ceux qui liront cet ouvrage avaient été privés d'instruction et du nécessaire comme nous, s'ils s'étaient vus aussi souvent que nous trompés, outragés, humiliés, dédaignés; ils ne seraient peut-être pas étonnés de nos idées, de les rencontrer. Car ils verraient sans doute, par ce qu'ils auraient éprouvé, qu'elles découlent d'un sentiment inné, naturel. Qu'elles appartiennent naturellement aux hommes qui pensent, qui jugent, qui raisonnent, qui comprennent leurs droits et leurs devoirs, qui sont amis du beau et du bien, ainsi que de la justice, de la paix, de la liberté, de l'égalité et de la fraternité.

Quoique né peuple, quoique vivant parmi le peuple, nous ne pensons pas et nous n'agissons pas comme le peuple, ni comme l'aristocratie. Car, s'il nous fallait penser et agir comme eux, nous serions honteux de nous-même, nous rougirions de nous-même. Nous n'oserions point nous voir, nous regarder.

Comme tous les hommes ont la même âme, la même origine; comme ils ne diffèrent de mœurs et de connaissances que parce qu'ils diffèrent d'instruction et de fortune; il en résulte qu'ils sont tous les mêmes à nos yeux, que nous ne faisons pas du tout de différence entre eux, ou que nous frappons indistinctement ceux du peuple et ceux de l'aristocratie.

Et c'est dans cette vue alors, que nous écrasons d'une main tous ceux qui sont immondes ou insociables; puis que nous relevons de l'autre tous ceux qui sont humains ou sociables.

DERNIER ÉTAT SOCIAL.

PREMIÈRE PARTIE.

Du sujet de cet ouvrage.

Pour celui qui pense et qui raisonne, il est une chose triste, pénible : c'est de voir, lorsqu'il porte les yeux sur le monde, qu'il s'est toujours fait la guerre, qu'il se la fait encore, qu'il a de quoi à être libre et heureux, et qu'il ne l'est pas, qu'il est plutôt esclave et malheureux.

De tout cela, qu'en penser ? qu'en dire ?... En face d'un pareil tableau, que doit faire le penseur ? quel parti doit-il prendre ?...

Ici restera-t-il, comme tant d'autres, simple spectateur ou simple examinateur ? Ne cherchera-t-il pas, par un noble effort, par un beau sentiment, à s'assurer si le monde, qu'il contemple avec curiosité et tristesse, a été créé pour rester éternellement ce qu'on le voit ? ce qu'il est ?... ou si, par un moyen quelconque, il est possible de le changer, de le rendre meilleur, plus juste, plus parfait, plus humain ?...

Si, que l'on en soit sûr, que l'on n'en doute point, il le cherchera, il y essaiera ; car il sent que tel est son devoir et son désir.

Rien n'est plus beau que de chercher à sortir le monde de la misère et de l'esclavage où il est plongé, où il gémit ; mais rien n'est aussi plus pénible et plus difficile. Car pour y essayer, pour en avoir l'idée, il faut que l'on s'en croit tout à fait capable, que l'on soit bien sûr de soi-même. S'il n'en était pas ainsi, on aurait tort d'en tenter l'entreprise, même d'en parler.

Il y a déjà longtemps que les hommes vivent en société, et qu'ils en ont connaissance. Mais, malgré tout ce temps, ils n'ont point encore eu un bon état social, un état social tel qu'il le leur faut, tel qu'ils le désirent.

Or, comme ils ne l'ont point encore eu, nous allons leur en proposer un qui pourra leur convenir, nous allons leur en expliquer le plan. Nous allons leur peindre un gouvernement parfait et invariable, ou un gouvernement qu'ils cherchent depuis bien des siècles, et qu'ils ne trouvent point, qu'ils ne découvrent point.

Des moyens de sortir le monde de la misère et de l'esclavage où il est plongé.

Jusqu'à cette époque, beaucoup de penseurs ont essayé, comme nous, à tirer le monde de la misère et de l'esclavage où il est plongé, où il gémit. Mais aucun d'eux n'a encore pu y parvenir, y réussir. Et cela, parce qu'ils se sont toujours jetés dans le passé et dans le présent, parce qu'ils ne se sont point avancés dans l'avenir, parce qu'ils ont toujours vu le faux homme, l'homme naissant, non l'homme mûr, l'homme complet.

Et pour sortir celui-ci de l'affreux état où il est, on ne doit pas le voir tel qu'il fut, tel qu'il est, mais bien plutôt tel qu'il doit être, tel qu'il est destiné à être un jour.

Et c'est ainsi que nous voulons le peindre, nous, que nous voulons le montrer à tous les yeux surpris et éblouis.

Pour arracher les peuples de la misère et de l'esclavage où ils sont plongés, que leur faut-il?... Il leur faut un bon plan d'état social, celui dont nous parlons, ou un plan dans lequel il leur sera possible de voir par eux-mêmes quelle est la forme de gouvernement qui leur est nécessaire, qui leur convient.

Lorsqu'ils auront ce plan, lorsqu'ils l'auront étudié et compris, alors ils pourront devenir grands et forts, libres et heureux. Mais avant ce temps-là, qu'ils ne l'espèrent point, qu'ils n'y prétendent point, car ce serait en vain.

De la conception politique ou sociale de tous les hommes.

Comme tous les hommes sont faits pour vivre en société, il en résulte que tous sont plus ou moins capables de comprendre leurs droits et leurs devoirs politiques; mais tous ne le peuvent pas par eux-mêmes, d'eux-mêmes. Ils ne le peuvent que par le secours de quelques-uns, d'un très-petit nombre.

Or, comme ils ne le peuvent qu'ainsi, qu'ils se groupent autour de ceux qui sont initiés dans la science et l'avenir, qu'ils les pressent de leur montrer le jour, la lumière. Et que ces derniers ne s'y refusent point, qu'ils tâchent d'éclairer les premiers; qu'ils les éclairent comme le soleil éclaire les astres.

Et pour bien y réussir, qu'ils prennent toujours la route la plus courte et la plus droite; qu'ils leur présentent toujours un miroir dans lequel ils peuvent tout voir et tout comprendre d'un seul coup d'œil, où tout marche avec ordre et simplicité, sans détour, sans mystères, sans confusion.

Et afin que tout marche de la sorte, qu'ils leur donnent un bon plan d'état social; car, sans ce plan, rien n'est possible, rien ne peut être bon.

L'univers a été construit sur un plan; tous les êtres qui le peuplent ont aussi été créés d'après un plan. Donc s'il en est ainsi, traçons celui dont nous parlons; offrons-le vite aux peuples qui souffrent et qui gémissent.

Et par là nous leur rendrons le plus grand service qu'ils puissent attendre, le plus grand bienfait qu'ils puissent recevoir de la main d'un mortel comme eux.

*Ce que doivent faire les penseurs pour sortir le monde
de la misère et de l'esclavage.*

Comme il y a des hommes qui possèdent naturellement la science politique ou sociale, qui la comprennent naturellement d'eux-mêmes, ils doivent, par devoir, l'expliquer à ceux qui ne la conçoivent pas comme eux, qui en sont privés par un instinct naturel.

Et pour la leur expliquer, il faut qu'ils les réunissent souvent dans de vastes enceintes. Puis, que là ils leur fassent sentir qu'ils ne sont pas ce qu'ils sont destinés à être un jour, qu'il faut qu'ils le deviennent tous, et sans tarder. Et qu'ils ne peuvent y parvenir que par une bonne instruction, que par une étude complète d'eux-mêmes et des autres.

Et cette étude consiste à lire de bons livres, des livres qui leur parlent clairement et en peu de mots de tous leurs droits et leurs devoirs sociaux, ou de tout ce que doivent leur dire ou leur développer les orateurs populaires.

Oui, réunir les citoyens dans de vastes enceintes, les y appeler souvent, c'est, pour leur expliquer leurs droits et leurs devoirs sociaux, un moyen facile, excellent. Mais avant de les y réunir, de les y convoquer, il convient de leur donner des yeux et des oreilles, il importe de les préparer à voir et à entendre les orateurs. Car sans cela ils ne comprendraient rien de tout ce qu'ils leur diraient, ils n'en profiteraient pas. Ce serait semer dans de mauvaise terre, sur des rochers ou sur du fer.

Dès qu'il en est ainsi, que les peuples lisent donc les livres qui ont un bon plan d'état social; qu'ils les étudient souvent, sérieusement. Et qu'après ils aillent voir et entendre les orateurs. Car c'est, pour posséder le bonheur et la liberté qu'ils cherchent, qu'ils désirent, tout ce qu'ils ont de mieux à penser et à faire.

CHAPITRE PREMIER.

Du bonheur et de la liberté des êtres.

Excepté l'homme, tous les êtres sont libres et heureux. Tous le sont dès leur création. Et s'ils le sont tous dès cette époque, c'est parce que ce bien-être, leur a été imposé par le créateur, c'est parce qu'ils n'ont pas été obligés de se le procurer eux-mêmes, de se le donner eux-mêmes.

Comme tous ces êtres, l'homme devrait aussi être libre et heureux, et pourtant il ne l'est pas. Et s'il ne l'est pas, ce n'est point parce qu'il a été créé malheureux et esclave, c'est seulement parce qu'il est d'une nature supérieure à celle des autres créatures. C'est parce que Dieu n'a point voulu lui imposer, comme à elles, le bonheur et la liberté dont-il est privé; c'est parce qu'il a préféré qu'il se les procurât lui-même, qu'il ne les dût qu'à lui-même,

Si, comme nous le disons, l'homme n'est pas libre et heureux; et si, comme nous le pensons, il a été créé pour l'être, pour le devenir par lui-même, par sa propre intelligence, sa propre volonté, s'en occupe-t-il? y travaille-t-il?..

Oui, sans doute, il s'en occupe, il y travaille. Et c'est dans cette occupation et dans ce travail alors, qu'on le voit toujours s'agiter, qu'on le voit toujours tantôt élevant des trônes, tantôt les renversant, tantôt pénétrant dans la lumière, dans le bien, et tantôt retombant dans les ténèbres d'où il sort avec effort, dans les ombres de la nuit, dans le mal.

Pourquoi s'agite-t-il ainsi cet homme, va-t-on de suite s'écrier? Pourquoi élève-t-il des trônes et les renverse-t-il? Pourquoi sort-il des ténèbres et y rentre-t-il?... Pourquoi, enfin, ne reste-t-il pas tel qu'il est maintenant? tel qu'il a existé jusqu'à ce jour?... C'est pourtant, nous croyons, pour son bien, pour son bonheur, tout ce qu'il a de mieux à faire, à désirer?...

Et, s'il ne reste pas tel, devons-nous répondre, n'en connaissez-vous pas les motifs? N'en voyez-vous pas les causes?... Ne voyez-vous pas que c'est parce qu'il sent qu'il n'est point ce qu'il doit être? parce qu'il n'a point ce qu'il lui faut pour être libre et heureux? parce qu'il le désire, parce qu'il le veut à toute force? à tout prix?...

Or, s'il le veut ainsi, s'il le désire ainsi, qu'il le cherche, et il le trouvera; qu'il frappe fort à la porte qui lui résiste, et elle s'ouvrira.

Oui, a dit Jésus avec raison: cherchez, vous trouverez; frappez, on vous ouvrira.

Du premier état social.

Comme on ne connaît point les premières sociétés, comme on ne les connaît ni par les traditions, ni par l'histoire, nous ne devrions point en parler ici. Cependant, pour parvenir à notre but, pour faire ce que nous entreprenons, il est utile que nous en disions quelque chose, que nous voyons un peu ce qu'elles furent ou ce qu'elles durent être.

Or, que furent-elles, ces premières sociétés? Comment se montrèrent-elles? Est-ce sous un aspect sauvage? Est-ce sous un aspect civilisé?..... Qui peut le dire! Qui peut en parler savamment!. personne, parce que personne ne le sait.

Dans ce cas, on ne peut que suivre sa propre imagination, que son propre jugement. Et c'est, à cet égard, ce que nous allons faire aussi.

De l'existence morale et politique des premières sociétés.

Selon nous, les premières sociétés ne furent d'abord composées que d'hommes privés de connaissances morales et d'industrie, ne vivant qu'à la manière des animaux; de fruits, de pêche et de chasse, et n'ayant alors, ni vêtements ni maisons; courant partout où ils trouvaient à boire et à manger; et toujours dans les climats les plus doux et les plus agréables.

Voici, ce nous semble, tel fut ou tel dut être l'état social des premières sociétés.

Maintenant que nous avons vu cela, voyons encore comment, de ce premier état, elles passèrent ensuite à celui de nos jours, à celui où nous vivons.

De la transformation des premières sociétés en sociétés actuelles.

Lorsqu'en devenant trop multipliées, trop peuplées, les premières sociétés ne purent plus vivre des produits naturels de la terre, elles se virent forcées, par leur génie instinctif, d'en créer de plus abondants, d'industriels, et de se jeter alors dans les bras de la science et de l'industrie, de chercher à en ouvrir toutes les portes, toutes les entrées.

A partir de cette époque, l'espèce humaine changea entièrement d'existence, de mœurs ; elle entra dans une vie toute nouvelle, toute neuve. Elle ne fut plus nomade, elle ne s'amusa plus à suivre les rivières et les fleuves, à courir toujours de climats en climats. Elle se fixa dans celui où elle trouva de quoi à vivre et à se vêtir par l'industrie. Elle commença d'abord à y bâtir quelques hameaux, puis des villages et des bourgs.

En ce moment, l'homme leva déjà la tête, il se regarda déjà. Mais quoique tout fier qu'il fût de ses premières connaissances, il était encore loin du but qu'il devait atteindre un peu plus tard.

Du besoin et de la création des premiers gouvernements.

A peine les premières sociétés industrielles eurent-elles bâti quelques hameaux, quelques villages et quelques bourgs, qu'elles bâtirent aussitôt des villes ou des cités où elles accumulèrent peu à peu la fortune et la puissance, où se développèrent peu à peu les arts et les sciences.

Tant que ces premières villes ou ces premières cités ne furent pas trop peuplées, tant que leurs habitants n'eurent pas connu le luxe, la molesse et l'oisiveté, elles furent sans doute paisibles et heureuses. Mais une fois que leurs populations furent nombreuses, une fois qu'elles eurent goûté à toutes les passions sensuelles qui les attendaient, il n'y eut plus de paix et de bonheur pour elles.

Alors, tout tomba bientôt dans le désordre et l'anarchie ; tout respira bientôt le tumulte et la guerre. Et pour arrêter ce mal impétueux, pour le limiter, il fallut songer à régler les droits et les devoirs de tous et de chacun ; il fallut songer à faire des lois, à créer un gouvernement civil et militaire.

Et par cette création de gouvernement, commença à naître, alors, l'état social qui existe aujourd'hui, ou l'état social qui est le plus mauvais et le plus inique qui puisse exister.

Et que nous voulons tâcher d'abattre, que nous voulons proposer de renverser de haut en bas, de fond en comble.

CHAPITRE DEUXIÈME.

De l'état social actuel.

Si, comme nous le croyons, l'homme est créé pour le bonheur et la liberté, et si c'est surtout par lui-même qu'il doit se les procurer, se les donner, il faut convenir, ici, qu'il met bien du temps à y réussir, à y parvenir. Et s'il y en mettant que cela, s'il y est si long, par quelle cause est-ce ? par quel motif est-ce ?...

C'est, nous pensons, parce qu'il ne connaît pas ses droits et ses devoirs, parce qu'il vit dans un monde de lâches et de voleurs ! de monstres et d'assassins !...

Dans ce monde qui devrait être si gai, si riche, et qui est, au contraire, si triste, si pauvre, qu'y voit-on ? qu'y souffre-t-on ? Des princes et des rois, des papes et des évêques, des riches et des pauvres, des mendiants et des domestiques, des savants et des ignorants.

Et toutes ces choses alors, que l'on y voit et que l'on y souffre, ne doivent pas y exister. Et si elles ne le doivent pas, c'est parce que ce sont elles qui causent tous nos maux, toutes nos misères. C'est parce qu'il faut, pour bien faire, qu'il n'y ait, dans l'espèce humaine, ni princes, ni rois, ni papes, ni évêques, ni pauvres, ni riches, ni mendiants, ni domestiques; mais seulement que des travailleurs, que des hommes libres, que des égaux. Ou que des citoyens, en un mot, connaissant tous leurs droits et leurs devoirs, que des mortels jouissant tous des uns et remplissant les autres,

Oui, on doit l'avouer, on ne peut s'en empêcher. La société actuelle bien examinée, bien considérée, n'est pas une société sage, raisonnable, conforme aux vues de Dieu et aux besoins naturels de l'homme. Mais bien plutôt une société affreuse, barbare, féroce, immonde, anti-sociale. Ou une société, pour tout dire, qui est usée, qui ne peut plus exister telle qu'elle est, telle qu'on la voit. Qui demande, qui fait sentir un changement général, précipité, qui l'appelle à hauts cris, qui le désire de toute son âme, de toutes ses forces.

Or, comme elle en sent le besoin, comme elle l'appelle, comme elle le désire, aidons-lui à le préparer, à le réaliser. Prêtons-lui nos lumières, notre concours. Ne craignons point, dans cette noble entreprise, de mettre la main à l'outil destructeur, de saper hardiment le vieil édifice social, de le renverser de fond en comble, et d'en reconstruire de suite un autre à sa place ; mais un autre qui sera plus beau, plus grand, plus humain et plus solide que lui. Et qui ne pourra périr, qui existera toujours, qui sera éternel comme le temps, comme le monde.

Du dernier état social.

Si l'on examine bien la constitution physique et morale de l'homme, si l'on suit bien, pas à pas, tous ses goûts, tous ses désirs, tous ses besoins naturels ; on voit aisément, par cet examen, qu'il n'est pas du tout ce qu'il doit être, ce qu'il désire être. Qu'il a été créé pour un état social plus heureux et plus parfait que celui qu'il possède aujourd'hui. Mais que cet état social de perfection et de bonheur pour lequel il a été fait, il faut qu'il se le procure lui-même, qu'il se le donne lui-même, sans quoi, qu'il en soit bien convaincu, bien persuadé, il ne l'aura jamais, il n'en jouira jamais.

Donc, s'il en est ainsi, qu'il le cherche, cet état social promis et désiré ; qu'il le cherche vite, et il le trouvera, il le possèdera bientôt, selon ses désirs, selon ses goûts, selon ses vues.

Oui, nous nous plaisons à le croire, à le dire : les mortels qui sont si malheureux, si tristes, si captifs, si pervers, n'ont pas été créés pour rester éternellement ce qu'on les a vus depuis leur création, ce qu'on les voit encore aujourd'hui ; mais bien plutôt pour être plus heureux, plus gais, plus libres, plus sages et plus justes.

Mais pour qu'ils puissent parvenir à être ainsi, il faut qu'ils commencent par changer de mœurs et de lois, il faut qu'ils se préparent à renverser de fond en comble tout ce qu'il y a de mauvais dans leur vieil état social, tel que les princes, les rois, les papes, les évêques, les armées, les colléges, les domestiques, les hospices et la mendicité.

Lorsqu'ils auront renversé ou fait disparaître tout cela, lorsqu'il n'y aura plus, parmi eux, que des travailleurs, que des égaux, que des citoyens recevant tous la même instruction, participant tous aux mêmes peines et aux mêmes plaisirs, jouissant tous des mêmes droits, remplissant tous leurs devoirs, alors ils verront le règne du bonheur et de la liberté sur la terre, de même que celui de la justice et de la paix.

Mais avant ce temps-là, qu'ils ne l'attendent point, ce règne ; qu'ils ne l'espèrent point, car ce serait tout à fait en vain.

Nous savons, ici, que ce changement que nous proposons de faire dans l'état social actuel, sera long, difficile, mais non impossible, non irréalisable.

Si nous pensions qu'il ne fût point ainsi, nous ne le proposerions pas, nous n'en parlerions même pas ; car nous savons que ce serait une folie de notre part, et une très-grande.

Tant que les hommes ne nous auront pas compris, tant qu'ils n'auront pas vu et senti par eux-mêmes, que la réforme sociale dont nous parlons est possible et nécessaire, ils ne nous écouteront point, ils ne nous croiront point, ils riront plutôt.

Mais dès qu'ils s'apercevront qu'elle n'est point un rêve, une chimère, qu'elle est possible et même indispensable, ils nous regarderont avec étonnement et admiration. Ils ne riront plus, ils deviendront pensifs, sérieux. Ils se hâteront de mettre la main à l'œuvre, ils démoliront de suite la vieille société, ils reconstruiront de suite la nouvelle sur ses ruines.

Et dès lors apparaîtra le dernier état social de l'homme. Dès lors cet homme commencera à jouir du bonheur et de la liberté, de la justice et de la paix.

CHAPITRE TROISIÈME.

Du gouvernement.

Comme les hommes ne peuvent vivre isolés, les uns sans les autres, comme tous leurs besoins et leur désirs s'y refusent, s'y opposent, il en résulte qu'ils sont tous forcés de vivre ensemble, en société. Et pour qu'ils le puissent, il leur faut des bases sociales, il leur faut des lois qui règlent leurs droits et leurs devoirs, et un gouvernement pour les faire agir et respecter.

Mais ce gouvernement qu'il leur faut, dont ils ne peuvent se passer, ne se présente pas sous une forme simple, unique; mais bien plutôt sous une forme composée, multiple. Et s'il se présente ainsi, c'est parce qu'il peut être monarchique ou despotique, républicain ou populaire.

Or, entre ces deux gouvernements qui sont si différents, si opposés de vue et d'intérêts, il est bon de faire un choix, il est bon de choisir le meilleur. Et pour bien y réussir, pour ne point s'y tromper, lequel doit-on prendre?...

Ici, nous devons l'avouer, il est assez difficile de répondre de suite à la question ; car pour s'en acquitter convenablement, il importe d'abord, ce nous semble, que l'on connaisse bien le fond et la forme de ces deux gouvernements; que l'on voit, par-là, quel est celui qui est le plus convenable au bonheur et à la liberté des peuples. Et pour le voir, il est utile qu'on les examine un peu, qu'on les regarde un peu.

Or, comme c'est utile, comme c'est même indispensable, de rigueur, examinons-les, voyons-les. Commençons d'abord par le premier, par celui qui existe presque partout, qui est le plus étendu, le plus connu : par le monarchique.

Du gouvernement monarchique.

Dès qu'il faut le savoir, dès qu'il s'agit de le dire, qu'est-ce que le gouvernement monarchique? Que doit-on entendre par lui ou par sa forme?..

On doit entendre, ce nous semble, par lui ou par sa forme, un gouvernement dans lequel il n'y a qu'un seul chef, qu'un chef suprême appelé roi ou empereur; et qui commande en maître absolu dans tout son royaume ou dans son empire, qui y fait ou qui peut y faire tout ce qui lui plait, tout ce qu'il désire ; où le peuple n'a aucun droit politique, aucun pouvoir.

Voici, selon nous, ce que c'est que le gouvernement monarchique, voici ce que l'on doit entendre par lui ou par sa forme.

Ce gouvernement, comme ayant à sa tête un tel maître, un tel chef, ou une telle espèce de dieu-bâtard, s'oppose toujours au bonheur et à la liberté des peuples. Et s'il s'y oppose toujours, c'est parce qu'il y a intérêt, c'est parce qu'il a intérêt à les enchaîner, à les aveugler, à les fouetter avec des verges de fer.

Ici, il n'y a d'heureux qu'un très-petit nombre d'hommes, que les riches et les chefs de l'armée. Quant à tous les autres, quant aux ouvriers, quant aux travailleurs de tout genre, ils ne le sont point, ils ne peuvent l'être. Et s'ils ne le peuvent, c'est parce qu'on les regarde absolument comme des animaux, comme des bêtes de somme.

Ces derniers, quoique produisant tout, quoique rendant le plus de services à la société, ne jouissent point du droit de cité, du droit dont ils devraient jouir. Car ils ne sont, dans tous les royaumes et dans tous les empires du monde, ni électeurs, ni éligibles. Aux riches seuls, et aux chefs seuls de l'armée, en appartient le droit, le privilége.

Or, qu'est-ce qu'un tel gouvernement devons-nous dire ? Qu'est-ce qu'un gouvernement où une poignée d'hommes sont quelque chose et où tous les autres ne sont rien ? ne sont considérés que comme des animaux, que comme des bêtes de somme, de boucherie ?...

C'est, d'après nous, un gouvernement odieux ! infâme !... Ou un gouvernement que la sagesse et la justice humaine réprouvent, doivent réprouver.

Des vues d'un roi.

Si un homme demande ou accepte la royauté, ce n'est pas par amour pour les autres hommes, pour leur bien. Ce n'est, on peut en être sûr, que pour sa propre satisfaction, que pour avoir des plaisirs, des honneurs, de la fortune, de la puissance.

S'il en était autrement, s'il s'agissait, au contraire, d'être utile, de fatiguer, de souffrir, de n'avoir ni plaisirs, ni honneurs, ni fortune, ni puissance, il n'en voudrait point, il ne la demanderait point, il ne l'accepterait point.

Donc, s'il en est ainsi, un roi n'est pas, comme on l'a toujours cru, comme on le croit encore, un homme utile, un homme dévoué au bien public. Mais bien plutôt un lâche, un voleur, un monstre, un assassin, un tyran !...

Si ce dernier demande ou accepte la royauté, à quelle condition est-ce ?... C'est à condition qu'on lui donnera 20 ou

30 millions de revenu par an, puis des armées, des gardes, des palais, des domaines et des équipages.

Et quand on demande ou que l'on accepte une couronne à ce prix, quand c'est avec de telles conditions que l'on consent à devenir le chef suprême d'une nation, ou le prétendu père de tout un peuple ; croit-on que l'on est un honnête homme ? un homme bien ?...

Oh ! non, jamais !... Car on n'est jamais, lorsque l'on agit ainsi, qu'un ambitieux, qu'un tyran, qu'un scélérat, qu'un être immonde, exécrable !...

Quoi ! vous vous dites le père de toute la nation sur laquelle vous régnez, et vous ne consentez à l'être que par intérêt ? que pour votre avantage ? que pour ruiner vos enfants ? que pour les enchaîner ? que pour leur sucer le sang jusqu'à la moelle ? jusqu'au cœur ?...

O si c'est de cette façon que vous voulez l'être, leur père, ils peuvent fort bien s'en passer, ils peuvent fort bien rester orphelins, y rester pour toujours ; car ils y auront beaucoup plus de gain, beaucoup plus d'avantage.

Un père, un vrai père, ne cherche point à enchaîner ses enfants, à les ruiner, à les voler, à leur sucer le sang jusqu'à la moelle, jusqu'au cœur. Au contraire, loin de chercher à leur faire tout cela, il cherche plutôt à les rendre libres, à leur procurer des plaisirs, à les enrichir, à leur faire le plus de bien qu'il peut, tandis que vous, vous roi, vous faites tout l'inverse, tout l'opposé.

Donc, puisque vous agissez ainsi, vous n'êtes pas, comme vous le dites, comme vous voulez le faire croire aux aveugles, un bon père pour votre peuple ? un vrai père ?... Mais bien plutôt son ennemi juré, son tyran éternel, son bourreau le plus acharné !...

CHAPITRE QUATRIÈME.

Des qualités d'un roi.

Quelles sont les qualités principales d'un roi ? En quoi excelle-t-il ce roi ?... Il excelle en orgueil, en faste, en volupté, en lâcheté, en vol et en tyrannie.

Voilà quelles sont ses qualités principales, voilà en quoi il excelle, il domine, il se distingue.

Et quand on possède de telles qualités, quand on a des défauts si grands, si sublimes, quand, pour les entretenir, il faut tant de trésors, tant de sueurs, tant d'impôts, croit-on que l'on est propre à faire le bonheur de tout un peuple? à le rendre sage, juste, laborieux, libre et heureux?... Oh! non, assurément non, on ne le peut; car la chose en est tout à fait impossible.

Dans une monarchie, il n'y a pas que le roi seul qui ruine le peuple, qui l'enchaîne, qui lui suce le sang; car c'est encore, après lui, et d'après son exemple, tous ceux qui se groupent autour de son trône, tous ces petits dieux-bâtards qui veulent l'imiter, lui ressembler; et qui, pour y réussir, pour y parvenir, ont aussi besoin, comme lui, de trésors, de gardes, de domaines, de palais et d'équipages.

Et il en résulte alors de tout ceci qu'une nation qui souffre tous ces gens-là, tous ces buveurs de sang, tous ces tigres affamés, est toujours dans la misère, toujours malheureuse, toutours esclave, soumise.

Un roi est placé trop haut : cela le porte naturellement à dédaigner les autres hommes, à se croire d'une nature supérieure à la leur, à se regarder comme un dieu.

Un roi consomme beaucoup, dépense beaucoup et ne produit rien, ne rend aucun service à la société. Donc, s'il ne lui en rend aucun, il est inutile, il est plutôt nuisible.

Un roi ne peut souvent se commander et se gouverner soi-même. Si donc il ne le peut, il ne doit pas avoir l'audace de vouloir commander et gouverner tout un peuple, parce que c'est une folie de sa part.

Un roi, bien considéré, bien examiné, est semblable au soleil : il éblouit, il fait mal à la vue. On ne peut le regarder fixement, l'aborder de près. En portant les yeux sur lui, on craint toujours, on tremble toujours. Et cela, qu'on le sache, est mauvais pour tous les humains, gênant pour tous, car c'est le mal général de tous.

Un homme, quelque sage, quelque capable qu'il soit, ne doit pas aspirer à commander tout un peuple; et s'il ne le doit pas, c'est parce que cela ne convient point à sa nature d'homme.

A Dieu seul il appartient de commander et de gouverner les peuples, de régner sur les nations et sur les empires, et non à un méchant mortel, non à un méchant homme qui n'est souvent qu'un monstre ou un assassin, qu'un lâche ou un idiot !...

Comme les enfants ne peuvent ni se nourrir, ni se conduire eux-mêmes, comme ils n'en ont ni la force ni la raison, il est juste, alors, qu'ils soient commandés et surveillés par des maî tres absolus, par leurs parents ; mais non les hommes qui sont forts et raisonnables, parce que ceux-ci peuvent fort bien se gouverner eux-mêmes, se commander eux-mêmes, se passer de surveillants, de chefs suprêmes, de tuteurs.

Si donc ils le peuvent, pourquoi ne le font-ils pas? Pourquoi se donnent-ils, de leur propre volonté, de leur bon gré, des tuteurs ou des maîtres qui les tyrannisent, qui les fouettent, qui leur sucent le sang, qui les dévorent, qui les mangent tout crus?...

Voici, quand nous voyons toutes ces choses, quand nous les examinons un peu de près, ce qui nous révolte, ce qui nous torture, ce qui nous déchire le cœur, l'âme !...

Tout homme, pour conclure, qui demande ou qui accepte la royauté est un fou, un monstre, un tyran !... Et tout peuple, dans ce cas, qui la lui offre ou qui la lui accorde, est un peuple d'ânes, d'idiots ! un peuple de moutons, d'esclaves !...

Peuples, esclaves ! si vous ne saviez pas encore ce que sont les rois, le voici, nous vous l'apprenons. A ces marques, à cette peinture, connaissez-les, voyez-les. Voyez, dans cet examen sur eux, si vous devez les aimer ou les détester; si vous devez les garder pour toujours, ou si vous devez les chasser pour toujours.

CHAPITRE CINQUIÈME.

Du gouvernement républicain.

Maintenant que nous venons de voir ce qu'est le gouvernement monarchique, voyons encore ce qu'est aussi le gouvernement républicain.

Or, ce dernier, qu'est-il, lui? Que doit-on également entendre par lui ou par sa forme?

On doit entendre, ce nous semble, par lui ou par sa forme, où gouvernement dans lequel il n'y a point de chef suprême, un tous les hommes sont parfaitement libres et égaux, où ils se gouvernent et se commandent tous par eux-mêmes, où ils ne connaissent, pour chef suprême, que les lois qu'ils font eux-mêmes, qu'ils sanctionnent eux-mêmes par le suffrage universel ou par le vote général.

Voici encore, selon nous, ce qu'est le gouvernement républicain, ce que l'on doit aussi entendre par lui ou par sa forme.

Ce gouvernement, comme n'ayant point d'hommes pour chefs suprêmes, comme n'ayant que les lois, ne s'oppose pas, comme le gouvernement monarchique, au bonheur et à la liberté des peuples. Et, s'il ne s'y oppose pas, c'est parce qu'il trouve qu'il a intérêt à les rendre libres, à les rendre heureux, et non à les enchaîner, à les écraser de misère.

Ici, on ne voit point le riche exclure le pauvre des affaires de l'Etat, ni le pauvre en exclure le riche. Ils y participent tous en commun, ils y jouissent tous du même droit de cité ; ils sont tous électeurs et éligibles ; ils concourent tous aux mêmes emplois et aux mêmes honneurs de la République.

Et dans ce beau concours qui les unit, qui les excite tous à la gloire et aux vertus, ils n'ont point de maîtres, point de tyrans. Ils sont tous égaux, tous libres, tous hommes, tous citoyens.

Et s'ils sont tous tels, c'est à leurs lois populaires qu'ils le doivent, à leur gouvernement populaire.

Donc alors, ce dernier est le gouvernement par excellence, le gouvernement parfait, légitime, heureux. Ou le gouvernement de tous, par tous et pour tous. Ou encore, pour mieux dire, celui qui convient à toutes les nations du monde, celui que toutes doivent aimer et suivre,

Des bases du gouvernement républicain.

Dès que le gouvernement républicain est celui qui convient le mieux aux mortels, ou celui qui leur offre le plus de bonheur et de liberté, il importe alors qu'ils le suivent tous, qu'ils le pratiquent tous.

Et pour y parvenir heureusement, il faut d'abord qu'ils le connaissent, qu'ils l'étudient, qu'ils le voient sous sa véritable forme, sous sa forme simple, naturelle.

Et cette forme, s'ils désirent la voir, a pour base ou pour principe le suffrage universel, le vote général.

Oui, qu'on le sache bien, que l'on n'en doute point, le gouvernement républicain a pour base ou pour principe le suffrage universel, le vote général ; car sans lui toute république est un rêve, toute république est impossible, irréalisable.

Si cette dernière n'est point assise sur cette base ou sur ce principe, si elle en est privée, dépouillée, où est sa force physique et sa force morale ? où est sa justice et son droit ?...

En aucun lieu, nulle part. Et s'ils n'y sont pas, c'est parce qu'ils n'émanent point, comme nous le disons, du grand principe fondamental, légitime ; c'est parce qu'ils ne sont pas l'expression ou le vœu de la volonté de tous, par tous et pour tous.

Donc, s'il en est ainsi, le suffrage universel ou le vote général est l'âme, le ressort principal du gouvernement républicain, ou la base ou le principe sans lesquels il ne peut vivre, sans lesquels il ne peut toujours exister.

Dans une monarchie où le roi et les riches sont tout, où ils font tout, où le peuple, où les ouvriers ne sont comptés pour rien, pour des animaux, on peut fort bien s'en passer de ce suffrage, on n'en a nullement besoin ; mais non dans une république, non dans une république où il est tout, où il tient tout, où il fait tout par lui-même.

CHAPITRE SIXIÈME.

De l'application du suffrage universel.

Comme, dans une république, tous les hommes sont libres et égaux, comme ils n'ont point de chef suprême, comme ils se gouvernent tous par eux mêmes, il convient alors qu'ils prennent tous part à leur gouvernement, qu'ils concourent tous à faire les lois auxquelles ils doivent obéir.

Mais pour les faire convenablement, pour les faire au goût de tous et de chacun, il faudrait qu'ils pussent tous se voir, tous se parler, tous s'entendre. Or il est prouvé, à cet égard, qu'ils ne le peuvent, qu'ils ne le peuvent nullement.

Si donc ils ne le peuvent ainsi, ou en se voyant tous, en se parlant tous, il faut qu'ils procèdent autrement, qu'ils consentent tous à en chercher un petit nombre qui les fasse au nom de tous, à les envoyer à une assemblée législative ou nationale. A les y envoyer par une force imposante, par le suffrage universel, par le vote général.

Pour que ces envoyés que l'on nomme députés ou représentants soient revêtus d'un pouvoir légitime, souverain, il ne convient pas, bien entendu, qu'ils ne soient élus que par une partie des citoyens, que par les riches, mais bien plutôt par tous, par tous sans exception.

S'il n'en était pas ainsi, si ces représentants n'étaient pas élus par tout le peuple, ce ne serait plus le suffrage universel qui agirait, ce ne serait que le suffrage partiel, fractionnaire.

Ce ne serait plus, par conséquent, le gouvernement républicain populaire ou démocratique qui naîtrait de ce suffrage, qui en sortirait, mais bien plutôt celui d'un petit nombre, ou le gouvernement aristocratique. Et ce dernier, on le sait, ne vaut rien, il est impopulaire, il est presque monarchique.

A Athènes, à Sparte et à Rome, tous les citoyens étaient électeurs. Et s'il en était ainsi dans ces premières républiques, il doit encore en être de même dans celles de nos jours ; parce que cette manière d'élire les députés ou les représentants, est un sentiment naturel aux penseurs démocrates de tous les temps et de tous les pays.

Quand aux moyens de faire voter, ou d'obtenir les voix des votants, il y en a plusieurs, une infinité. Mais le meilleur, selon nous, est celui qui consiste à écrire, sur un scrutin, les noms de tous les candidats que l'on désire nommer députés, puis de jeter ce scrutin dans l'urne électorale.

Nous croyons que ce moyen de voter est le meilleur dont on puisse se servir ; et si nous le croyons, c'est parce qu'il est le plus prompt, le plus réfléchi et le plus paisible.

Le vote universel à l'aide de l'urne électorale, peut être secret ou connu. Mais cela, ici, importe peu. Ce qui importe le plus, à ce sujet, c'est que les voix des votants ne soient pas volées ou usurpées. Et il y a, pour y mettre empêchement, mille ressources, mille moyens que l'on trouve quand on le veut, quand on le juge nécessaire.

Dès que le suffrage universel est un procédé excellent pour faire connaître la volonté générale des peuples, on ne doit pas s'en servir, dans ce cas, que pour élire les assemblées législatives ; mais encore pour toutes les délibérations publiques, même pour les particulières.

Dans une républiques où toutes les choses un peu importantes ne se font point par la voie du suffrage universel, il est impossible que le peuple y soit bien gouverné, libre et heureux. On en a les preuves par l'histoire,

De l'élection des députés ou représentants.

Si, dans une république populaire ou démocratique, tous les citoyens sont électeurs de droit, ils sont également tous éligibles, parce que tous peuvent aussi bien être représentants que représentés.

La seule différence ici, qu'il y a, est que tous sont propres à être électeurs, mais non à être élus. Et si tous ne sont pas propres à ces dernières fonctions, c'est parce qu'elles exigent de grandes connaissances, de grandes vertus, de grandes qualités de tous genre.

Nous devons le dire : il est regrettable que tous les habitants d'une république ne puissent pas se gouverner eux-mêmes, faire leurs lois eux-même. Et si cela est pénible, c'est parce que les députés qu'ils sont forcés de nommer pour les représenter, pour agir en leur nom, peuvent quelquefois abuser du pouvoir qu'on leur donne, dont on les revêt.

Or, comme ils le peuvent, et qu'ils sont assez portés à le faire, il est bon que l'on cherche à leur en ôter la possibilité. Et pour y parvenir, nous connaissons un procédé qui est infaillible, que nous allons bientôt mettre sous les yeux, et qui n'a encore été appliqué dans aucune république.

CHAPITRE SEPTIÈME.

Combien une assemblée législative doit avoir de membres.

Pour qu'une assemblée législative puisse faire de bonnes lois et bien en surveiller l'exécution, il ne faut pas qu'elle ait trop ou pas assez de membres ; il faut seulement qu'elle en ait un nombre convenable, ou un nombre qui possède assez de force et de lumières pour pouvoir gouverner une nation avec connaissance et sagesse.

Si cette assemblée est trop restreinte, elle manque de forces et de lumières ; si elle est, au contraire, trop nombreuse, elle ne peut plus s'entendre, se comprendre. La voix des orateurs se perd dans la foule, elle ne va pas jusqu'aux oreilles de tous.

Donc, dans cette vue, le trop et le pas assez de membres dans une assemblée législative ne valent rien, mais seulement le nombre convenable. Et ce nombre est celui que nous allons indiquer de suite.

Comme il y a des nations de toute grandeur, comme il y en a depuis deux ou trois millions d'habitants jusqu'à cinquante ou soixante millions ; il convient, alors, que les plus petites n'aient pas moins de cent députés pour les représenter, et les plus grandes plus de quatre ou cinq cents.

Nous n'approuvons point, dans ce cas, les assemblées législatives de nos jours qui ont jusqu'à huit ou neuf cents membres, même de plus. De telles assemblées sont beaucoup trop nombreuses, on ne peut ni s'y entendre ni s'ycomprendre. Or, sous ce point de vue, elles sont tout à fait mauvaises, tout à fait défectueues.

Il est facile de voir, avec un peu de jugement, qu'une assemblée législative de deux ou trois cents membres, possède tout autant de force souveraine et de connaissances, qu'une de huit ou neuf cents, et qu'elle s'entend beaucoup mieux, qu'elle se comprend beaucoup mieux, qu'elle délibère beaucoup mieux, par conséquent.

Si donc il en est ainsi, que l'on préfère la première de ces deux assemblées à la seconde, que l'on n'hésite point à le faire, parce que c'est l'intérêt général de toute la société,

Pour combien de temps doit-on élire les députés ou les représentants du peuple.

S'il est bon que l'on sache quel est le nombre de membres qui convient le mieux à une assemblée législative, il est également bon que l'on sache aussi pour combien de temps ces mêmes membres doivent être élus ; si c'est pour un temps court ou prolongé, parce que de la durée de ce temps peuvent souvent naître le bien ou le mal de la patrie.

Lorsqu'une assemblée législative est élue pour un temps très court, pour un an ou deux, elle n'a pas le temps de connaître ce qu'elle doit faire, elle n'en a pas non plus le goût. Et de là, alors, il en résulte d'abord un premier mal.

Lorsqu'une assemblée législative est élue, au contraire, pour un temps trop prolongé, pour cinq ou six ans, elle acquiert trop de puissance, elle devient trop orgueilleuse, elle se plaît trop à résiter au peuple qui l'a élue. Et de là alors, il en résulte encore un second mal.

Pour prévenir ces deux maux qui sont inévitables, immanquables, qui arrivent présque toujours, quel espace de temps dans ce cas, doit-on fixer à une assemblée législative? Quel est celui qui lui convient le mieux?...

C'est, selon nous, celui de trois ans pour le moins, et de quatre ans pour le plus.

En cela, nous sommes parfaitement d'accord avec les anciens législateurs, de même qu'avec les modernes ; parce que le temps, à cet égard, que nous prescrivons, est aussi celui qui leur a paru être le plus convenable.

Quel est l'âge propre à être député ou représentant du peuple.

La législature est une science sérieuse, où une science qui exige tout ce qu'il y a de mieux, de plus parfait chez les mortels. Or, comme elle l'exige, il n'est pas convenable que l'on y appelle de jeunes barbes, de jeunes citoyens, mais bien plutôt des hommes mûrs, des hommes qui aient la connaissance et l'expérience, qui sachent ce qu'est la société et ce qu'il lui faut.

Et-ceux-ci, alors, ne doivent pas avoir moins de quarante ans. S'ils sont plus jeunes, s'ils n'ont que vingt-cinq ans, que trente ou que trente-cinq, ils manquent encore de connaissances et d'expérience, ils sont encore trop passionnés, trop bouillants.

Si donc ils sont encore tels, qu'on leur ferme les portes de l'Assemblée législative, que l'on attende, pour les leur ouvrir, qu'ils aient l'âge voulu, quarante ans pour le moins. Parce que c'est, pour commencer à faire les lois, l'âge le plus convenable, le plus propre.

De nos jours, on ne suit pas cette marche, et si on ne la suit pas, c'est avec tort. On ose admettre, pour députés, des jeunes gens de vingt-cinq ans ; et on ne voit pas, qu'en agissant ainsi, on commet une erreur, une absurdité, une grande folie.

Vous voulez, vous, que des jeunes gens qui ne font qu'entrer dans le monde sérieux, soient déjà capables de faire des lois propres à régir ce monde !...

Mais, quand vous agissez de la sorte, où diable êtes-vous prétendus législateurs ? Où diable avez-vous l'esprit ?... Nous n'en savons rien, ni vous non plus.

CHAPITRE HUITIÈME.

Du choix des députés ou des représentants du peuple.

C'est des bonnes lois que dépendent toujours le bonheur et la liberté des peuples. Or, comme c'est d'elles, il importe que l'on sache bien choisir ceux qui les font ; que l'on n'envoie, aux assemblées législatives, que des citoyens du plus haut mérite, de la plus grande capacité.

Mais, pour les y envoyer, ceux-là, la chose est un peu difficile. Et si elle l'est, c'est parce qu'on ne les connaît pas, parce qu'on ne cherche pas à les connaître, parce qu'ils sont rares.

Quoique tels, ils existent cependant ; il y en a pourtant, mais en bien petit nombre. Et parmi ce petit nombre dans lequel ils se trouvent, ils ne mendient point les suffrages d'une foule aveugle et capricieuse, ils s'en gardent bien ; ils attendent plutôt qu'elle porte les yeux sur eux, qu'elle les connaisse, qu'elle les apprécie, qu'elle les appelle elle-même à la représenter, à défendre ses droits, à la gouverner sagement.

Et encore, s'ils acceptent la députation qu'elle leur offre, ce n'est point pour eux-mêmes, pour leur propre satisfaction. C'est plutôt pour elle, par amour pour elle, par devoir, pour être utiles à leur pays, pour servir la société.

De tels citoyens, qu'on le sache, ne vont point à la tribune pour oublier qu'ils sont hommes comme les autres, pour s'enrichir aux dépens du peuple, pour régner despotiquement sur lui. Mais bien plutôt pour lui donner la liberté et l'égalité, pour le rendre libre et heureux.

Si les nations veulent être bien gouvernées, si elles veulent avoir de bonnes lois, voilà les hommes qu'elles doivent choisir pour les faire, voilà ceux qu'elles doivent envoyer à l'Assemblée législative.

Mais quant à ceux qui ne sont point ainsi, qui mendient leurs suffrages, qui leur font de belles promesses, qui étalent pompeusement leur naissance, leurs vertus ou leurs talents, qu'elles s'en défient, qu'elles ne les entendent point. Parce que ceux-là ne sont que des sots ou des orgueilleux, que des tyrans ou des exploiteurs, et non des hommes sages et éclairés, non de vrais législateurs.

Des qualités du législateur.

Que faut-il être pour faire un bon député ou un bon législateur? Quels sont les citoyens qui y sont le plus propres, qui en possèdent toutes les qualités nécessaires?...

Ce sont ceux, selon nous, qui savent penser et exprimer leur pensée, qui connaissent les hommes et leurs besoins, qui peuvent se mettre à la place de tous et de chacun; qui sont travailleurs, instruits, courageux, généreux, sages, justes, doux et vertueux.

Voilà, oui, les mortels qui sont propres à faire les lois, à gouverner sagement, ou ceux que le peuple doit choisir, chercher, parce que ce n'est que d'eux seuls qu'il peut attendre le bien, la richesse, la paix, la liberté et la justice.

Quant aux autres citoyens, quant à ceux qui n'ont que de la fortune, qui n'ont jamais souffert, jamais travaillé, qui ne savent pas seulement marcher, qui ne savent que parler un peu, qui sont toujours à cheval ou en voiture, qu'ils se gardent bien de les élire députés, de les envoyer à la tribune, parce qu'il serait très-mal servi d'eux, très-mal payé de sa confiance en eux.

Ces hommes-là étant ce qu'on les voit, ce qu'ils se montrent, ne sont pas du tout des hommes, ils n'en sont que des espèces, que des hommes-femme. Or, de tels citoyens ne sont nullement propres à la législature, à faire les lois. Si donc ils n'y sont pas propres, qu'on ne les y appelle jamais, qu'on les en exclue toujours.

Celui qui, comme tous les riches, a toujours été heureux, qni ne sait pas ce que c'est que le travail, que la peine, que la misère; qui n'a pas vécu parmi les travailleurs, parmi les ouvriers de tout genre, peut-il se mettre à leur place? Peut-i savoir, par lui-même ce qui leur est nécessaire et ce qu'ils désirent?... Non, il ne le peut, car la chose lui en est tout-à-fait impossible.

Si donc il ne le peut, si la chose lui en est tout-à-fait impossible, qu'ils ne le prennent point pour député, qu'ils le repoussent toujours, parce qu'il y va de leur propre bien, de leur propre bonheur.

Pour donner de bonnes lois à ces derniers, il faut nécessairement que l'on puisse se mettre à leur place, que l'on connaisse bien leurs peines, leurs misères et leurs besoins. Et, pour bien les connaître, il faut les éprouver. Or, il est certain, à cet égard, que les riches ne les éprouvent point, qu'ils ne cherchent point à les éprouver.

Si donc ils ne les éprouvent point, s'ils ne cherchent point à les éprouver, ils ne sont pas propres à les représenter à l'Assemblée nationale, et le fussent-ils, d'ailleurs, ils ne le feraient point; et s'ils ne le faisaient point, ce serait parce qu'ils agiraient contre leurs intérêts, contre eux-mêmes. Chose bien entendu, dont ils n'ont pas envie, dont ils se garderont toujours bien.

On ne peut bien comprendre que les peines ou les besoins que l'on ressent. On ne peut également consentir à se priver de jouissances agréables, à s'en dépouiller pour en céder une partie à d'autres que l'on regarde comme des animaux, comme des bêtes de somme.

En voici assez, nous croyons, pour faire voir aux travailleurs, aux ouvriers de toutes les professions, que les riches ne sont pas propres à être leurs représentants, leurs législateurs ; qu'il n'y a que ceux dont nous venons de peindre les qualités, le grand caractère.

Cincinnatus, après la bataille et la victoire, ne voulut point vivre dans le faste et la mollesse; il préféra retourner à la charrue.

Voilà alors l'homme propre à être législateur ; voilà celui qui doit servir de modèle à tous les autres.

Maintenant que nous avons fait voir ce que doivent être les vrais députés, maintenant que nous avons peint les qualités qui leur conviennent, que les peuples sachent bien les choisir, qu'ils fassent un bon choix, qu'ils n'envoient que des Cincinnatus aux assemblées législatives ; qu'ils les y envoient par la majorité des voix.

Et en agissant de cette façon, ils ne perdront point leur temps, ils auront tous de bons gouvernements, de bonnes lois. Ils feront tous une fortune sociale, ils gagneront tous cent pour cent.

CHAPITRE NEUVIÈME.

De la souveraineté du peuple.

Le moyen qui, pour conduire les peuples au bonheur et à la liberté, est le meilleur ou le plus sûr, est celui qui consiste à leur donner la connaissance d'eux-mêmes, à leur dire qu'ils sont chefs souverains, à leur expliquer leur souveraineté, à leur faire voir que tout dépend d'elle, que tout découle d'elle ; qu'elle est la base première de tout gouvernement, la loi fondamentale de toutes les lois.

Lorsqu'ils sauront cela, les peuples, lorsqu'ils l'auront compris, alors il auront la connaissance d'eux-mêmes, alors ils pourront jouir du bonheur et de la liberté qu'ils poursuivent, qu'ils désirent. Mais avant ce temps-là qu'ils n'y pensent point, qu'ils n'y essaient point. Car ce serait en vain qu'ils en tenteraient l'entreprise, qu'ils voudraient y parvenir,

Oüi, tant que les peuples seront aveugles sur leur souveraineté, tant qu'ils ne la connaîtront pas, tant qu'ils ne sauront pas que tout dépend d'elle, que tout découle d'elle ; ils seront toujours esclaves, toujours malheureux, toujours enchaînés, parce qu'ils trouveront toujours des tyrans qui profiteront de leur ignorance, qui en abuseront, qui s'en serviront pour les commander, pour les tromper, pour régner sur eux.

Or, pour empêcher ces derniers d'agir ainsi, parlons aux premiers, ouvrons-leur les yeux sur eux-mêmes ; apprenonsleur qu'ils sont tous souverains légitimes chez eux, tous souverains éternels et absolus ; et par-là, nous leur rendrons un grand service, un service immense, sans égal.

Du lien social.

Quoique très-nombreux, quoique très-différents de goûts et d'idées, quoique très-opposés de mœurs, tous les habitants d'une nation ne forment pour ainsi dire qu'un seul être, qu'un être collectif, qu'un être composé d'une infinité de petits êtres de même espèce.

Et s'ils ne forment ainsi qu'un seul être, qu'un être collectif, c'est parce qu'ils sont tous liés les uns aux autres, c'est parce qu'ils le sont tous par besoins et par désirs, c'est parce qu'ils le sont tous par un lien naturel, indissoluble.

Et ce lien, alors, sans lequel ils ne peuvent exister en corps politique, en nation, est ce que nous appelons, nous, leur souveraineté, ou pour mieux dire, leur puissance nationale, ou toutes leurs forces réunies en une seule.

Tout citoyen, dans ce cas, qui fait partie d'un état, est, de droit, membre souverain de cet état, mais non souverain. Et cela, parce qu'il n'est qu'une partie de la souveraineté, parce qu'elle est une, indivisible. Parce qu'elle ne peut appartenir à un seul homme, mais seulement qu'à tous les hommes constituant une nation.

Quand on dit, à cet égard, qu'un roi ou un consul est le chef souverain d'un état, on dit une grande absurdité, parce que la souveraineté ne peut lui appartenir, parce qu'elle n'appartient qu'au peuple qui le fait roi ou consul ; parce que ce peuple ne peut s'en dépouiller, parce qu'il ne le peut sans se détruire, sans cesser d'exister.

Un roi ou un consul ne peut être roi ou consul sans une nation ; mais une nation peut fort bien exister sans un roi ou sans un consul.

Donc, puisque cela est, la souveraineté d'un peuple appartient toujours à ce peuple, et non à un chef suprême, ou à défaut de lui, à une fraction du peuple, à un sénat ou à une assemblée législative, ou à une aristocratie.

On le sait : le tout renferme ou contient la partie, mais la partie ne peut contenir ou renfermer le tout. Donc alors, à tous les habitants d'une nation appartient en commun la souveraineté nationale ou populaire, et non à un seul homme appelé chef suprême ; ou à plusieurs, formant un sénat ou une assemblée législative, ou même à une partie du peuple appelée aristocratie.

Que les peuples comprennent bien ceci, qu'ils sachent bien, une bonne fois pour toutes, que la souveraineté dont nous parlons est le lien social qui lie les unes aux autres, toutes les familles d'un même état, ou qui donne à toutes et à chacune les mêmes droits et les mêmes priviléges ; et que c'est d'elle que doit sortir leur volonté générale, que doivent naître toutes les lois auxquelles il convient qu'ils obéissent, qu'ils se soumettent.

Comment le peuple doit user de sa souveraineté.

Il est certain que tout peuple qui vit en République, qui possède un gouvernement populaire, démocrate, doit se connaître, doit savoir qu'il est chef absolu chez lui, souverain absolu. Mais savoir cela n'est pas suffisant, car il faut qu'il sache encore jouir de sa souveraineté, qu'il sache encore se l'appliquer, la faire agir.

Or, il ne peut parvenir à ce résultat qu'en se gouvernant soi-même, qu'en sanctionnant soi-même ses lois. Et dans cette vue, il faut qu'il fasse toujours usage du suffrage universel, qu'il y appelle toujours toutes les familles faisant partie de son gouvernement. Car, dès l'instant qu'il manquerait d'y en appeler une seule, qu'il en excluerait une seule, il se frapperait au cœur, il se détruirait par ses propres mains.

Et s'il agissait ainsi, ce serait parce que ses lois ne seraient pas justes, légitimes ; parce qu'elles ne seraient pas le vœu de tous, inuti'e par tous et inutile pour tous.

Dès qu'une machine quelconque manque d'une de ses parties constitutives, elle n'est plus complète, parfaite dans son ensemble. De même, dès qu'il manque aussi aux lois d'un gouvernement populaire, le suffrage d'une seule de ses familles, ces lois ne sont pas non plus parfaites, légitimes.

Et si elles ne le sont pas, c'est parce qu'elles manquent d'une partie sanctionnante, c'est parce qu'en frappant, dans ses droits sociaux, une seule famille, on frappe également toutes les autres, toutes celles auxquelles elles est liée par le lien sociable et indissoluble dont nous venons de parler.

Rien n'est plus beau et plus grand qu'un peuple qui connaît sa souveraineté et qui sait en jouir. Mais, pour qu'il puisse la connaître et en jouir, il faut qu'il comprenne bien ces droits et ses devoirs sociaux, car sans cela il ne le peut.

Un gouvernement parfait et invariable n'est possible que chez une nation raisonnable et courageuse, que chez une nation qui se voit souveraine, qui tient à l'être. Chez toute autre, il ne l'est point.

Tout peuple, alors, qui oublie sa souveraineté, qui la méconnaît, n'est pas un peuple libre, un peuple de citoyens. Ce n'est qu'un peuple d'enfants, qu'un peuple de femmes, ou qu'un peuple qui est incapable de se commander soi-même, de se gouverner soi-même, qui a toujours besoin de tuteurs, qui en a toujours, qui ne peut s'en passer.

FIN DE LA PREMIÈRE PARTIE.

NOTA. Nous venons déjà de dire des choses simples, sages, justes, instructives. Mais qui ne seront peut-être pas encore comprises du peuple ni de l'aristocratie. Car le peuple et l'aristocratie sont encore loin de la science sociale, ils ont encore bien besoin des leçons que nous allons leur donner dans la suite de cet ouvrage et dans d'autres.

Dans un petit écrit que nous avons publié après le 24 février 1847, et où nous reprochons hardiment des défauts volontaires aux ouvriers, ces derniers parce que nous ne les flattons point, nous traitent d'aristocrates. « Celui-ci est encore un aristot comme les autres, disent-ils entre eux. »

Si nous sommes aristocrate ou aristot, nous, ou diable sont les républicains, les vrais républicains ! Où faut-il les chercher, les demander ?

Comment convaincre de suite des hommes qui n'ont pas de religion, qui ne croient pas à la renaissance, à l'immortalité de l'âme ! La chose n'est pas facile.

Là où il n'y a pas la croyance d'une vie éternelle, là où on ne croit pas aux punitions et aux récompenses divines ; il n'y a pas de société parfaite possible, il n'y a que des êtres machines, imparfaits, vicieux, lâches, idiots !...

Parce que les ouvriers ne voient les choses que par la vue, ils en concluent de là que tout être immatériel est inconcevable, inexplicable. « S'il y a un Dieu, disent-ils, c'est le soleil ; parce que c'est lui qui éclaire tout, qui réchauffe tout, qui fait tout naître. »

Comme si cet astre pouvait être un être intelligent! un être créateur et incréé!... Cela montre à quel point d'instruction en sont les peuples.

Encore un prêtre! Encore un jésuite!... vont sans doute s'écrier tous les ouvriers qui vont lire ceci.

Quoique enseignant la vie éternelle, quoique voulant l'expliquer aux autres, les prêtres et les jésuites ne la conçoivent pas non plus, n'y croient pas non plus. Car s'ils la concevaient, s'ils y croyaient, ils ne diraient pas ce qu'ils disent, ils ne feraient pas ce qu'ils font. Donc, puisqu'ils parlent ainsi, puisqu'ils agissent ainsi, ils ne la conçoivent pas, ils n'y croient pas.

Nous osons le dire, nous, nous ne sommes ni peuple, ni prêtre, ni aristocrate, ni jésuite. Nous sommes le beau, le noble, le grand, le sublime, le parfait, le divin. Et c'est, en conséquence, ce beau, ce noble, ce grand, ce sublime, ce parfait, ce divin que nous sentons, que nous entrevoyons, que nous allons peindre aux mortels, que nous allons leur décrire.

Et après avoir rempli cette belle tâche, nous serons content, nous quitterons, sans regrets une vie qui nous a été pénible et affreuse. Mais avec l'espoir d'en retrouver une meilleure dans ce monde ou dans un autre. Ou s'il n'en est pas ainsi, l'univers est un rêve, l'être créateur et incréé est une chimère.

Et cela, on le comprend, est incroyable, inadmissible, même insupposable.

www.ingramcontent.com/pod-product-compliance
Lightning Source LLC
Chambersburg PA
CBHW051335060726
47596CB00004B/1619